Visit us at

www.heartzenminds.com

We do journals, t-shirts & more cool stuff

Play with us at

www.facebook.com/HeartZenMinds

Instagram & Tweet with us at

@heartzenminds

Copyright 2018, Lisa Wagner

About this Book

Using a password journal is a great way to have a handy hardcopy list of your passwords. Our fun covers let you hide them in plain site. Here are a few tips and suggestions for using this book.

Inside Cover
Write the date that you started the book on the inside cover. Add the end date when you have filled it unless you plan to destroy it. If you are using multiple books, write the main categories for this one on the inside cover, like shopping, social media, parents info etc.

Index
This book contains 96 site pages along with an index of 8 pages. The index makes it easy for you to group your sites without having to enter them on consecutive pages.

Updates
Each page is designed for site information and 8 updates. While the update lines will most likely be used for password updates, remember to use them if you update the email address associated with the site, or any other information you want to track.

Passwords
Change your passwords, make them strong, and make them site specific. This book can make it easier to update passwords regularly, just flip through the pages. If a site you use gets hacked, your account will be more secure with an updated password. Site unique passwords are important, as you are even more exposed if you use the same login/password or email/password combination across multiple websites. Make all passwords strong by not using common words, and using a mix of uppercase, lower case, numbers and special characters like & and *.

Notes
Each page has a notes section. For example, you may want to note the account number for a credit card or bank account. If you entered data for a credit bureau, you may want to include the last time you checked your credit, or the unfreeze key if you have frozen your credit. Several lined pages are also included at the end of the book.

More Journals
Visit HeartZenMinds.com for more journals & other products.

Entering Your Data

For each site page, start by entering the URL.

Enter your loginID next. Sometimes referred to as your username. It may be the same as your email.

Enter the email you used for this site.

Enter the password.

Use the notes space as needed.

Notice that you can use the update section for any info. It's not just for passwords. How fast you fill up a site page with updates depends on how often you update your information. Once you fill it up, you can easily start a new page. Since you have the index to organize you, just log the new page in your index, regardless of how far apart the new page is from the old one.

URL   amazon.com

LoginID   same as email

Email   mymail@mail.com

Password   Px84*h&k

Notes   Visa on site

Date	Updated Information
17 Feb 18	9Fkj7&8*LL
2 May 18	mynewemail@mail.com

Using the same username and password combination, or email and password combination for multiple sites can make it easier for your accounts to be hacked if one of the sites has been breached.

Hackers use the data they download from one site, and load it into programs that then try and use that same combination (username or email and password) on other sites. By making a new password for every site, even if your information is hacked on once site, they can't use it to login to another site.

Using strong passwords is one of the best security measures you can take to safe guard your accounts. Some sites do not allow special characters, but nearly all do allow upper/lower case and numbers. Make your password at least 8 characters and stay away from using common words.

Using the notes section for account numbers, and other security information tied to the account helps you to organize all of your info in one place.

URL   visa.com

LoginID   jane25

Email   mymail@mail.com

Password   Qj17*h&k5

Notes   Visa account is 1234 5678 1234 5678

Date	Updated Information

You can use this book for more than just websites. Here are just some examples for information you may want to keep in this book:

- Home network info
- Home security codes
- ATM codes
- Software keys
- Combinations to locks

Ideas for the notes area:

- indicating you store credit info with the site
- writing out an account number
- indicating if the account is for someone else, like mom or dad
- contact info
- if account is closed
- if the account was hacked
- if you have 2-step authentication setup on the account and the phone number used for it

URL   home wifi

LoginID   network name = mywifi

Email   IP key = 111.222.3.4

Password   WPA Key = 345KJH193bdy

Notes   Tech support info for provider here

Date   **Updated Information**

Making Your Index

Each index page has two sections. The first line of each section is for a descriptive label. For example:

- Banking
- Credit Cards
- Credit Bureaus
- Social Media
- Medical
- Wellness
- Shopping
- Pet Supplies
- Business
- Charity
- Home Bills
- Discussion Forums
- Email Accounts

The next six lines are for the name of the site and the page number in your journal. This will help you to more quickly find a particular site.

No worries about having to enter all the same kind of sites together in the journal. Though your wellness websites may be scattered throughout the book, you don't have to flip through the whole book to find them. Just look in your index.

Some of your categories of sites may only need six lines. Other categories may need more. The index is setup to work for you and to let you build it as you add sites to your journal.

For example, you may start with one shopping section and later add another. It doesn't matter if they are separated in your index. The index is only 8 pages, so you won't have to look for long to find your other shopping sites. The key here is that you can add sites to your index as you add them to your journal.

There are 96 site pages in the book and 96 lines in the index. Pages are already numbered.

Shopping

Amazon   12

eBay   34

_____ _____

_____ _____

_____ _____

_____ _____

Medical

Dr Smith's patient portal   14

Acme Insurance   15

Dr Jones website   45

_____ _____

_____ _____

_____ _____

URL	_____
LoginID	_____
Email	_____
Password	_____
Notes	_____
	_____
	_____

Date   **Updated Information**

_____   _____

_____   _____

_____   _____

_____   _____

_____   _____

_____   _____

_____   _____

URL _____

LoginID _____

Email _____

Password _____

Notes _____

_____

Date   **Updated Information**
_____   _____

_____   _____

_____   _____

_____   _____

_____   _____

_____   _____

_____   _____

_____   _____

URL	
LoginID	
Email	
Password	
Notes	

Date   **Updated Information**

URL _____

LoginID _____

Email _____

Password _____

Notes _____

_____

Date	Updated Information

URL _____

LoginID _____

Email _____

Password _____

Notes _____

_____

Date   **Updated Information**

URL _____

LoginID _____

Email _____

Password _____

Notes _____

_____

Date	Updated Information

URL _____

LoginID _____

Email _____

Password _____

Notes _____

_____

_____

Date   **Updated Information**

URL _____

LoginID _____

Email _____

Password _____

Notes _____

_____

Date	Updated Information
_____	_____
_____	_____
_____	_____
_____	_____
_____	_____
_____	_____
_____	_____

URL	
LoginID	
Email	
Password	
Notes	

Date	Updated Information

URL _____

LoginID _____

Email _____

Password _____

Notes _____

_____

Date	Updated Information
_____	_____
_____	_____
_____	_____
_____	_____
_____	_____
_____	_____
_____	_____

URL   _____

LoginID _____

Email   _____

Password _____

Notes   _____
         _____
         _____

Date   **Updated Information**

_____   _____

_____   _____

_____   _____

_____   _____

_____   _____

_____   _____

_____   _____

URL _____

LoginID _____

Email _____

Password _____

Notes _____

_____

Date	Updated Information
_____	_____
_____	_____
_____	_____
_____	_____
_____	_____
_____	_____
_____	_____

URL

LoginID

Email

Password

Notes

Date   **Updated Information**

URL _____

LoginID _____

Email _____

Password _____

Notes _____

_____

Date   **Updated Information**

_____   _____

_____   _____

_____   _____

_____   _____

_____   _____

_____   _____

_____   _____

URL _____

LoginID _____

Email _____

Password _____

Notes _____
_____
_____

Date   **Updated Information**

_____   _____

_____   _____

_____   _____

_____   _____

_____   _____

_____   _____

_____   _____

URL _____

LoginID _____

Email _____

Password _____

Notes _____

_____

Date	Updated Information
_____	_____
_____	_____
_____	_____
_____	_____
_____	_____
_____	_____
_____	_____

URL _____

LoginID _____

Email _____

Password _____

Notes _____
_____
_____

Date   **Updated Information**

URL

LoginID

Email

Password

Notes

Date	Updated Information

URL _____

LoginID _____

Email _____

Password _____

Notes _____

_____

Date	Updated Information
_____	_____
_____	_____
_____	_____
_____	_____
_____	_____
_____	_____
_____	_____

URL _____

LoginID _____

Email _____

Password _____

Notes _____
_____
_____

Date	Updated Information
_____	_____
_____	_____
_____	_____
_____	_____
_____	_____
_____	_____
_____	_____

URL _____

LoginID _____

Email _____

Password _____

Notes _____

_____

Date	Updated Information
_____	_____
_____	_____
_____	_____
_____	_____
_____	_____
_____	_____
_____	_____

URL _____

LoginID _____

Email _____

Password _____

Notes _____

_____

Date	Updated Information

URL _____

LoginID _____

Email _____

Password _____

Notes _____

_____

_____

Date	Updated Information

URL _____

LoginID _____

Email _____

Password _____

Notes _____

_____

Date	Updated Information
_____	_____
_____	_____
_____	_____
_____	_____
_____	_____
_____	_____
_____	_____

URL

LoginID

Email

Password

Notes

Date   **Updated Information**

URL _____

LoginID _____

Email _____

Password _____

Notes _____
_____

Date   **Updated Information**

URL _____

LoginID _____

Email _____

Password _____

Notes _____
_____
_____

Date	Updated Information
_____	_____
_____	_____
_____	_____
_____	_____
_____	_____
_____	_____
_____	_____

URL _____

LoginID _____

Email _____

Password _____

Notes _____
_____

Date   **Updated Information**

URL _____

LoginID _____

Email _____

Password _____

Notes _____

_____

Date	Updated Information

URL	
LoginID	
Email	
Password	
Notes	

Date	Updated Information

URL	
LoginID	
Email	
Password	
Notes	

Date   **Updated Information**

URL _____

LoginID _____

Email _____

Password _____

Notes _____

_____

Date	Updated Information
_____	_____
_____	_____
_____	_____
_____	_____
_____	_____
_____	_____
_____	_____

URL _____

LoginID _____

Email _____

Password _____

Notes _____

_____

Date	Updated Information
_____	_____
_____	_____
_____	_____
_____	_____
_____	_____
_____	_____
_____	_____

URL _____

LoginID _____

Email _____

Password _____

Notes _____

_____

Date	Updated Information
_____	_____
_____	_____
_____	_____
_____	_____
_____	_____
_____	_____
_____	_____

URL _____

LoginID _____

Email _____

Password _____

Notes _____
_____
_____

Date	Updated Information
_____	_____
_____	_____
_____	_____
_____	_____
_____	_____
_____	_____
_____	_____

URL _____

LoginID _____

Email _____

Password _____

Notes _____
_____

Date	Updated Information

URL _____

LoginID _____

Email _____

Password _____

Notes _____

_____

Date	Updated Information

URL   _____

LoginID   _____

Email   _____

Password   _____

Notes   _____

            _____

Date   **Updated Information**
_____   _____
_____   _____
_____   _____
_____   _____
_____   _____
_____   _____
_____   _____

URL	
LoginID	
Email	
Password	
Notes	

Date　　　**Updated Information**

URL _____

LoginID _____

Email _____

Password _____

Notes _____

_____

Date	Updated Information

URL _____

LoginID _____

Email _____

Password _____

Notes _____

_____

Date	Updated Information
_____	_____
_____	_____
_____	_____
_____	_____
_____	_____
_____	_____
_____	_____

URL	
LoginID	
Email	
Password	
Notes	

Date	Updated Information

URL _____

LoginID _____

Email _____

Password _____

Notes _____
_____
_____

Date   **Updated Information**

URL _____

LoginID _____

Email _____

Password _____

Notes _____
_____

Date **Updated Information**

URL

LoginID

Email

Password

Notes

Date	Updated Information

URL _____

LoginID _____

Email _____

Password _____

Notes _____
_____

Date   **Updated Information**

_____   _____

_____   _____

_____   _____

_____   _____

_____   _____

_____   _____

_____   _____

URL _____

LoginID _____

Email _____

Password _____

Notes _____

_____

Date	Updated Information
_____	_____
_____	_____
_____	_____
_____	_____
_____	_____
_____	_____
_____	_____

URL _____

LoginID _____

Email _____

Password _____

Notes _____

_____

Date	Updated Information

URL	
LoginID	
Email	
Password	
Notes	

Date   **Updated Information**

URL _____

LoginID _____

Email _____

Password _____

Notes _____
_____
_____

Date	Updated Information
_____	_____
_____	_____
_____	_____
_____	_____
_____	_____
_____	_____
_____	_____

URL

LoginID

Email

Password

Notes

Date   **Updated Information**

URL _____

LoginID _____

Email _____

Password _____

Notes _____

_____

Date	Updated Information
_____	_____
_____	_____
_____	_____
_____	_____
_____	_____
_____	_____
_____	_____

URL _____

LoginID _____

Email _____

Password _____

Notes _____
_____

Date   **Updated Information**

URL _____

LoginID _____

Email _____

Password _____

Notes _____

_____

Date	Updated Information
_____	_____
_____	_____
_____	_____
_____	_____
_____	_____
_____	_____
_____	_____

URL _____

LoginID _____

Email _____

Password _____

Notes _____
_____
_____

Date   **Updated Information**
_____   _____
_____   _____
_____   _____
_____   _____
_____   _____
_____   _____
_____   _____

URL   _____

LoginID   _____

Email   _____

Password   _____

Notes   _____

  _____

Date	Updated Information
_____	_____
_____	_____
_____	_____
_____	_____
_____	_____
_____	_____
_____	_____

URL _____

LoginID _____

Email _____

Password _____

Notes _____

_____

_____

Date	Updated Information
_____	_____
_____	_____
_____	_____
_____	_____
_____	_____
_____	_____
_____	_____

URL _____

LoginID _____

Email _____

Password _____

Notes _____
_____

Date	Updated Information

URL _____

LoginID _____

Email _____

Password _____

Notes _____

_____

Date	Updated Information
_____	_____
_____	_____
_____	_____
_____	_____
_____	_____
_____	_____
_____	_____

URL	
LoginID	
Email	
Password	
Notes	

Date	Updated Information

URL _____

LoginID _____

Email _____

Password _____

Notes _____

_____

Date　　　　**Updated Information**

URL _____

LoginID _____

Email _____

Password _____

Notes _____

_____

Date   **Updated Information**

_____   _____

_____   _____

_____   _____

_____   _____

_____   _____

_____   _____

_____   _____

URL _____

LoginID _____

Email _____

Password _____

Notes _____
_____
_____

Date	Updated Information
_____	_____
_____	_____
_____	_____
_____	_____
_____	_____
_____	_____
_____	_____

URL _____

LoginID _____

Email _____

Password _____

Notes _____

_____

Date	Updated Information

URL _____

LoginID _____

Email _____

Password _____

Notes _____

_____

Date	Updated Information
_____	_____
_____	_____
_____	_____
_____	_____
_____	_____
_____	_____
_____	_____

URL	
LoginID	
Email	
Password	
Notes	

Date   **Updated Information**

URL _____

LoginID _____

Email _____

Password _____

Notes _____
_____
_____

Date   **Updated Information**
_____   _____
_____   _____
_____   _____
_____   _____
_____   _____
_____   _____
_____   _____

URL _____

LoginID _____

Email _____

Password _____

Notes _____
_____
_____

Date	Updated Information
_____	_____
_____	_____
_____	_____
_____	_____
_____	_____
_____	_____
_____	_____

URL _____

LoginID _____

Email _____

Password _____

Notes _____

_____

Date	Updated Information

URL _____

LoginID _____

Email _____

Password _____

Notes _____

_____

Date	Updated Information
_____	_____
_____	_____
_____	_____
_____	_____
_____	_____
_____	_____
_____	_____

URL _____

LoginID _____

Email _____

Password _____

Notes _____
_____
_____

Date   **Updated Information**

_____   _____

_____   _____

_____   _____

_____   _____

_____   _____

_____   _____

_____   _____

URL _____

LoginID _____

Email _____

Password _____

Notes _____
_____
_____

Date	Updated Information
_____	_____
_____	_____
_____	_____
_____	_____
_____	_____
_____	_____
_____	_____

URL	
LoginID	
Email	
Password	
Notes	

Date	Updated Information

URL　_____

LoginID　_____

Email　_____

Password　_____

Notes　_____

_____

Date	Updated Information
_____	_____
_____	_____
_____	_____
_____	_____
_____	_____
_____	_____
_____	_____

URL _____

LoginID _____

Email _____

Password _____

Notes _____
_____
_____

Date	Updated Information
_____	_____
_____	_____
_____	_____
_____	_____
_____	_____
_____	_____
_____	_____

URL _____

LoginID _____

Email _____

Password _____

Notes _____
_____

Date	Updated Information
_____	_____
_____	_____
_____	_____
_____	_____
_____	_____
_____	_____
_____	_____

URL _____

LoginID _____

Email _____

Password _____

Notes _____

_____

Date	Updated Information
_____	_____
_____	_____
_____	_____
_____	_____
_____	_____
_____	_____
_____	_____

URL _____

LoginID _____

Email _____

Password _____

Notes _____

_____

Date	Updated Information
_____	_____
_____	_____
_____	_____
_____	_____
_____	_____
_____	_____
_____	_____

URL _____

LoginID _____

Email _____

Password _____

Notes _____

_____

Date	Updated Information
_____	_____
_____	_____
_____	_____
_____	_____
_____	_____
_____	_____
_____	_____

URL _____

LoginID _____

Email _____

Password _____

Notes _____

_____

Date   **Updated Information**

URL _____

LoginID _____

Email _____

Password _____

Notes _____

_____

Date	Updated Information

URL _____

LoginID _____

Email _____

Password _____

Notes _____

_____

Date	Updated Information
_____	_____
_____	_____
_____	_____
_____	_____
_____	_____
_____	_____
_____	_____

URL	_____
LoginID	_____
Email	_____
Password	_____
Notes	_____
	_____

Date	Updated Information
_____	_____
_____	_____
_____	_____
_____	_____
_____	_____
_____	_____
_____	_____

URL	
LoginID	
Email	
Password	
Notes	

Date	Updated Information

URL _____

LoginID _____

Email _____

Password _____

Notes _____
_____
_____

Date	Updated Information
_____	_____
_____	_____
_____	_____
_____	_____
_____	_____
_____	_____
_____	_____

URL _____

LoginID _____

Email _____

Password _____

Notes _____

_____

Date	Updated Information
_____	_____
_____	_____
_____	_____
_____	_____
_____	_____
_____	_____
_____	_____

URL

LoginID

Email

Password

Notes

Date	Updated Information

URL _____

LoginID _____

Email _____

Password _____

Notes _____
_____

Date   **Updated Information**

URL	
LoginID	
Email	
Password	
Notes	

Date	Updated Information

URL _____

LoginID _____

Email _____

Password _____

Notes _____

_____

Date	Updated Information
_____	_____
_____	_____
_____	_____
_____	_____
_____	_____
_____	_____
_____	_____

URL	_____
LoginID	_____
Email	_____
Password	_____
Notes	_____
	_____

Date	Updated Information
_____	_____
_____	_____
_____	_____
_____	_____
_____	_____
_____	_____
_____	_____

URL _____

LoginID _____

Email _____

Password _____

Notes _____

_____

Date	Updated Information

URL _____

LoginID _____

Email _____

Password _____

Notes _____

_____

Date	Updated Information

URL _____

LoginID _____

Email _____

Password _____

Notes _____

_____

Date	Updated Information
_____	_____
_____	_____
_____	_____
_____	_____
_____	_____
_____	_____
_____	_____

URL _____

LoginID _____

Email _____

Password _____

Notes _____

_____

Date	Updated Information
_____	_____
_____	_____
_____	_____
_____	_____
_____	_____
_____	_____
_____	_____

URL _____

LoginID _____

Email _____

Password _____

Notes _____

_____

Date	Updated Information

URL _____

LoginID _____

Email _____

Password _____

Notes _____

_____

Date	Updated Information

URL

LoginID

Email

Password

Notes

Date	Updated Information

URL	
LoginID	
Email	
Password	
Notes	

Date	Updated Information

URL _____

LoginID _____

Email _____

Password _____

Notes _____

_____

Date	Updated Information

URL

LoginID

Email

Password

Notes

Date	Updated Information

URL _____

LoginID _____

Email _____

Password _____

Notes _____

_____

Date	Updated Information
_____	_____
_____	_____
_____	_____
_____	_____
_____	_____
_____	_____
_____	_____

Notes

www.ingramcontent.com/pod-product-compliance
Lightning Source LLC
Chambersburg PA
CBHW052324220526
45472CB00001B/255